Immanuel Birmelin

Mein Meerschweinchen
und ich

Fotos: Monika Wegler
Zeichnungen: Renate Holzner

Geschichten: Gabriele Linke-Grün

Inhalt

Goldene Regeln für die Haltung

take care

10 Goldene Regeln zur Ausstattung 7

10 Goldene Regeln zur Ernährung 9

10 Goldene Regeln zur Pflege 11

Typisch Meerschweinchen

watch it

Kleine Nager aus den Anden 14

Das Leben im Rudel 16

Tabelle: So sind Meerschweinchen 16

Das Leben als Heimtier 18

TIPP vom ZÜCHTER 18

Die Sinnesleistungen 19

Typische Verhaltensweisen 22

TIPP vom TIERARZT 23

Test: Wie gut kennen Sie Ihre Meerschweinchen? 25

INHALT

Vertrauen schaffen von Anfang an

TIPP vom THERAPEUTEN 28

Das mögen Meerschweinchen 28

Kinder und Meerschweinchen 29

Tabelle: Wunschliste des Meerschweinchens 29

Extra-Seiten zum Ausklappen: »Vertrauen aufbauen Schritt für Schritt« 32

Tabelle: Partnertest 35

Extra-Seiten zum Ausklappen: »Freilauf« 36

love it

Meerschweinchen erleben

Bibi und Rosi 15

Der erste Freilauf 20

Der wandernde Hut 31

Jojo, das Sprachgenie 39

Die Treppe 50

Die Begegnung 59

Spiel und Spaß mit Meerschweinchen

Extra-Seiten zum Ausklappen: Abenteuerspielplatz für Meerschweinchen 42

Spiellandschaft gestalten 43

Test: Welcher Spieltyp ist mein Meerschweinchen? 47

Meerschweinchen sollen spielen 48

Test: Der Wohlfühltest für Ihren Liebling 49

Einige Spieltipps 51

TIPP vom ZOOFACHHÄNDLER 51

have fun

Glücklich und aktiv im Alter

Wie alt werden Meerschweinchen? 54

Tabelle: Was sich im Alter ändert 54

Das alte Meerschweinchen 55

TIPP vom TIERARZT 56

Wie Meerschweinchen sterben 56

Abschied vom Tier 57

Wenn der Partner stirbt 58

Register 60

Adressen 62

Impressum 62

Steckbrief: So ist mein Meerschweinchen 64

old & happy

Goldene Regeln für die Haltung

Meerschweinchen sind gesellige Tiere, die sich am wohlsten zusammen mit Artgenossen fühlen. Aber auch die richtige Käfigausstattung, abwechslungsreiche Ernährung und sorgfältige Pflege sorgen dafür, dass es den liebenswerten Pummelchen gut geht.

TAKE CARE 5

take care

Die 10 Goldenen Regeln zur Ausstattung

1 Für zwei Meerschweinchen sollte der Käfig mindestens 120 cm lang, 80 cm breit und 45 cm hoch sein.

2 Wählen Sie waagerechte verzinkte oder matt verchromte Gitterstäbe.

3 Die Bodenschale aus Kunststoff sollte etwa 16 cm hoch sein: Schalen über 25 cm Höhe nehmen den Tieren die Sicht.

4 Nippeltränke, 2 Futterraufen, und 1 bis 2 Futternäpfe gehören zum Käfiginventar.

5 Im Schlafhäuschen sollten alle Tiere gleichzeitig Platz haben. Ist der Käfig groß genug, schätzen sie ein zweites Häuschen.

6 Ideal sind zwei Käfige – ein Spiel- und ein Schlafkäfig –, die über eine Brücke verbunden sind.

7 Im Käfig sollte es eine Trennwand geben, damit sich ein rangniederes Tier aus dem Blickfeld des ranghöheren zurückziehen kann.

8 Als Einstreu eignen sich Weichholzspäne, jedoch kein Torfmull und keine Katzenstreu. Man streut 10 bis 20 cm hoch ein.

9 Verändern Sie das Käfiginnere öfter, z. B. mit Backsteinen oder dicken Ästen.

10 Stellen Sie den Käfig an einen ruhigen, hellen, zugluftfreien Platz.

Die 10 Goldenen Regeln zur Ernährung

1 Heu ist das tägliche »Brot« der Meerschweinchen. Es dient als Ballaststoff.

2 Trockenfertigfutter besteht z. B. aus Getreide, Haferflocken und Mais.

3 Geben Sie täglich etwa 1 bis 2 Esslöffel Fertigfutter pro Tier.

4 Meerschweinchen bilden kein Vitamin C, deshalb brauchen sie viel Grünfutter wie Löwenzahn, Gras, alle Salatarten (abwaschen), Karotten, Paprika, Äpfel, Birnen usw.

5 Ein Salzleckstein verhindert den Mangel an Mineralstoffen und Spurenelementen.

6 Meerschweinchen brauchen täglich frisches Trinkwasser.

7 Entfernen Sie verdorbenes Grünfutter sofort, um Krankheiten zu vermeiden.

8 Sammeln Sie keine Pflanzen am Rand viel befahrener Straßen und auf gedüngten Wiesen.

9 Giftige Pflanzen sind: Herbstzeitlose, Tollkirsche, Goldregen, Schwarzer Nachtschatten, Schierling, Hundspetersilie, Eibengewächse.

10 Wiegen Sie Ihre Meerschweinchen regelmäßig! Das Gewicht ausgewachsener Tiere sollte ungefähr gleich bleiben (Ausnahme: schwangere Weibchen).

Die 10 Goldenen Regeln zur Pflege

1 Gesunde Meerschweinchen betreiben selbst ausgiebige Fellpflege. Lediglich langhaarige Tiere regelmäßig bürsten!

2 Zu lange Krallen und Zähne am besten vom Tierarzt einkürzen lassen.

3 Reinigen Sie täglich Futter -und Trinkgefäße Ihrer Meerschweinchen.

4 Käfig samt Ausstattung zweimal wöchentlich mit heißem Wasser auswaschen und danach mit frischer Einstreu versehen.

5 Um ihre Zähne abzuschleifen brauchen die Tiere Nagematerial wie Zweige von Laub- und ungespritzten Obstbäumen.

6 Gönnen Sie Ihren Meerschweinchen einen täglichen Freilauf von 1 bis 2 Stunden in einer vertrauten Umgebung.

7 Meerschweinchen sind sehr schreckhaft. Sprechen Sie die Tiere immer leise an, bevor Sie sich ihnen nähern.

8 Beschäftigen Sie sich ausgiebig mit Ihren Meerschweinchen.

9 Ein Freigehege tut Ihren Meerschweinchen besonders gut. Sie vertragen jedoch keine Hitze und pralle Sonne.

10 Bauen Sie kleine Sandhügel und Kuhlen in das Freigehege.

Typisch

Sind sie nicht niedlich, die kleinen Meerschweinchen mit ihrer Mutter?
Zu unrecht gelten sie als »mümmelnde Kuscheltiere«,
die friedlich, aber fruchtbar, lieb, aber langweilig sind.
Wer jedoch richtig hinsieht, für den wandelt sich das gewöhnliche
Käfigtier in ein aufregendes, fast exotisches Lebewesen
voller überraschender Verhaltensweisen,
Eigenarten und Bedürfnisse.

Meerschweinchen

WATCH IT 13

watch it

Kleine Nager aus den Anden

Meerschweinchen sind Nagetiere wie Mäuse oder Ratten, die langen Schneidezähne lassen keinen Zweifel. Aber Meerschweinchen kommen nicht nackt und blind auf die Welt, sondern mit wuscheligem Fell, die Augen neugierig geöffnet. Es sind typische Nestflüchter, die gleich auf ihren Beinchen herumturnen, als hätten sie im Mutterleib nie etwas anderes gemacht. Selbst das Milchgebiss wurde bereits im Mutterleib gewechselt. Von den ersten Stunden an können sie laufen, sich putzen und sogar feste Nahrung zu sich nehmen.

Die jungen Weibchen sind schon nach einer Woche geschlechtsreif. Die Männchen erreichen die Geschlechtsreife drei Monate später. Immer noch früh, denn ausgewachsen sind die kuscheligen Vierbeiner erst mit 8 bis 12 Monaten und wiegen dann beachtliche 800 bis 1000 Gramm. Wenn die Weibchen nicht gedeckt werden, wiederholt sich die Phase der sexuellen Aktivität in Abständen von etwa 16 Tagen. Nach einer Tragzeit von durchschnittlich 67 Tagen werden in der Regel 1 bis 4 Junge geboren.

Die zahmen Meerschweinchen

Schon damals, 9000 bis 6000 Jahre vor Christi, sind die Indios im wahrsten Sinne des Wortes auf den Geschmack der Meerschweinchen gekommen. Sie jagten die wilden Vorfahren unserer Hausmeerschweinchen und verspeisten sie. Auch heute noch jagen die Andenbewohner die Wildmeerschweinchen, aber das ist eher selten geworden. Denn aus den Jägern wurden Bauern (6000 bis 3000 v. Chr.), die die Wildmeerschweinchen gezähmt und gezüchtet haben. Auf jedem Viehmarkt werden sie heute aus dem Sack gezogen und angepriesen.

Anders als in ihren Heimatländern wurden Meerschweinchen in Europa nie als Nahrung

Die kleinen kompakten Nager lieben saftiges Grün. Da kann es schon einmal passieren, dass zwei an demselben Stengelchen zupfen.

Bibi und Rosi

Rosi ist ein braun-weiß geschecktes Rosetten-Meerschweinchen, Bibi eine Meerschweinchendame „von Adel". Als echtes Rassemeerschweinchen darf Bibi die Bezeichnung „English Crested Satin rot" führen. Von Anfang an waren meine beiden Pummelchen in ihrem Wesen so unterschiedlich wie Tag und Nacht. Rosi ist die Sensible, Vorsichtige, während Bibi eindeutig zu den Draufgängern gehört. Das bilde ich mir nicht etwa nur ein, sondern dafür gibt es viele Beispiele: Stolz hatte ich eine Schüssel mit selbst gezogenen Möhren im Garten geerntet. Die sollte es heute zum Mittagessen geben. Als ich von draußen herein kam, fiel mir ein, dass ich noch in den Keller musste. Also stellte ich die flache Schüssel mit den Möhren oben an der Kellertüre ab. An Bibi und Rosi, die schon den ganzen Vormittag frei in der Wohnung laufen durften, dachte ich in diesem Moment nicht. Meinen Aufenthalt im Keller machten sich meine Meerschweinchen sofort zu Nutze. Ich erwischte Bibi genüsslich "mampfend" inmitten meiner Möhrenschüssel. Rosi dagegen knabberte eher zaghaft vom Schüsselrand aus an einer Möhre. Meine "gehegten und gepflegten" Möhrchen konnte ich jedenfalls für das Mittagessen abschreiben, denn Bibi, das kleine Biest, hatte nicht nur eine Möhre angeknabbert, sondern in fast allen die Spuren ihrer Zähnchen hinterlassen. Trotzdem war ich Bibi und Rosi nicht richtig böse. Es ist nun einmal Meerschweinchenart, keinen Leckerbissen "anbrennen" zu lassen.

genutzt. Die Bedeutung als Heimtier stand von Anfang an im Vordergrund, als die Spanier sie im 16. Jahrhundert nach Europa brachten. Die Adeligen waren nahezu verliebt in diese schnuckeligen, bunten, struppigen lieben Vierbeiner, die im Gegensatz zu anderen Nagern nicht einmal bissen. Das Beißen haben ihnen die Indios schon sehr früh weggezüchtet. Wildmeerschweinchen dagegen, die auch heute noch zahlreich in den Anden leben, wissen sich mit ihrem Nagergebiss bei Gefahr zu wehren. Sie sind schlanker, zierlicher und sehr viel beweglicher als das Heimtier, und außerdem ist das Haarkleid des Wildmeerschweinchens in der Regel einheitlich dunkelbraun gefärbt. Aus diesem etwas farblosen Nager hat der Mensch vielfältige Varietäten in Färbung und Behaarung gezüchtet.

Das Leben im Rudel

Trotz guter Pflege und Futter wird unserem Heimtier oft eine entscheidende Dimension seines Lebens genommen: der Partner. Meerschweinchen sind Gruppentiere, die auf Artgenossen angewiesen sind. Am besten hält man sie in einer Gruppe aus einem Männchen und mehreren Weibchen sowie

So sind Meerschweinchen

➡ Meerschweinchen sind Rudeltiere und leben in Kolonien. Ihre Heimat ist Südamerika.

➡ Meerschweinchen-Junge kommen nahezu vollständig entwickelt auf die Welt.

➡ Sie gehören zu den Nagetieren und brauchen daher harte Nahrung, um die Zähne abnutzen zu können.

➡ Meerschweinchen sind stressanfällige Tiere. Zu zweit meistern sie fremde und unvorgesehene Situationen viel besser.

➡ Meerschweinchen bleiben ständig durch Stimmfühlungslaute untereinander in Kontakt und laufen bei Gefahr immer aufeinander zu.

➡ Beim Drohen imponieren Meerschweinchen mit ihren Hoden, die sie in Sekundenabstand aus der Leibeshöhle ein- und ausfahren.

➡ Sie sind leicht zu zähmen.

➡ Männchen und Weibchen erkennen sich am Geruch und an den Lauten.

Jungtieren. Fremde und heranwachsende Männchen werden vom Rudelführer bedroht. Aber wie sie ihrem Rivalen Angst einflößen, ist einmalig unter den Nagern. Der Revierbesitzer läuft breitbeinig und ausladend wie ein Westernheld mit gesträubten Nackenhaaren auf den Eindringling zu, klappert mit den Zähnen, aber nicht aus Furcht, sondern um Stärke zu demonstrieren; stellt sich in Positur und fährt imponierend seine Hoden aus. Kurz zwar, aber häufig. Sie blitzen regelrecht auf. In aller Regel reichen die Drohgebärden aus, um den Fremden einzuschüchtern. Aber wehe wenn nicht, dann kann es zu Kämpfen kommen, bei denen Verletzungen nicht selten sind. Diese Kämpfe sind in einem kleinen Käfig besonders gefährlich, weil der Unterlegene nicht wie in der Natur fliehen kann.

Aber was ist das Schicksal des Besiegten? Hier spielt die Käfiggröße eine entscheidende Rolle: Ist genügend Raum da, erhält der Nebenbuhler ein eigenes Minirevier, wo er sich unbehelligt aufhalten kann. Anders, wenn der Käfig zu klein ist. Dann zieht sich der Unterlegene zurück und kauert ruhig in einer Käfigecke. Er hat den Kampf zwar aufgegeben, aber seine Stresshormone sind doppelt so hoch wie zuvor. Nicht selten verkümmert er und stirbt in wenigen Tagen – ohne körperliche Verletzung. Fast ist man versucht, psychische Begriffe wie Niedergeschlagenheit oder »Selbstaufgabe« zu gebrauchen. Besser hat es da schon der Überlegene, er wird zum Boss oder Alpha-Tier. Seine Stresshormone waren nur während des Kampfes erhöht, in der Ruhe pendeln sie sich auf Normalniveau ein.

So in die Handmulde genommen lässt sich ein kleines Meerschweinchen sicher tragen.

TIPP vom ZÜCHTER

Wählen Sie beim Kauf am besten Jungtiere, die etwa 5 Wochen alt sind. Gut vertragen sich Meerschweinchen, die bereits in einer Gruppe zusammengelebt haben. Wenn Sie keinen Nachwuchs möchten, sollte Sie das Männchen mit etwa 6 bis 8 Wochen kastrieren lassen.

Meerschweinchen brauchen unbedingt Artgenossen, das haben jahrelange wissenschaftliche Forschungsarbeiten bestätigt. Werden nämlich Meerschweinchen aus der vertrauten Umgebung in einen spärlich eingerichteten Käfig gesteckt, steigen die Stresshormone deutlich an, wenn das Tier allein diese Situation bewältigen muss. Der Anstieg der Stresshormone ist dagegen deutlich geringer, wenn zwei Tiere gleichzeitig in die neue Umgebung kommen. Das Teuflische an der Geschichte ist aber, dass man den Meerschweinchen ihren Stress nicht ansieht. Nach außen hin wirken sie völlig »cool«, aber in einer neuen Umgebung schlägt ihr Herz zunächst einmal etwa 30 Minuten lang schlagartig viel schneller. Werden die Tiere jedoch zu zweit in eine neue Umgebung gesteckt, erholt sich das Herz schon nach drei Minuten. Der Partner senkt die Angst und hilft sich selber zurechtzufinden. Unsere gefräßigen Meerschweinchen sind zwar »Sensibelchen«, jedoch nicht von Geburt an. Ihre Rollen und die Regeln im Sozialverband lernen sie in ihrer Kindheit. In Kolonien aufgewachsene Männchen hatten keine Schwierigkeiten sich sowohl in der Rolle des Gewinners als auch in der des Verlierers zurechtzufinden. Paarweise aufgewachsene Männchen waren jedoch nur noch vor und kurz nach Erreichen der Geschlechtsreife in der Lage, sich sozial in die Gruppe zu integrieren. Diese beiden Tiere werden viel leichter zu Raufbolden als solche, die ihre Kindheit in der Gruppe erlebten.

Das Leben als Heimtier

Meerschweinchen sind liebenswürdige, freundliche, gefräßige Nager und den Menschen gegenüber äußerst friedlich. Aber untereinander sieht das ganz anders aus. Da gibt es Kämpfe um Rangpositionen und die besten Futterplätze. Das einzelne Tier ist immer noch friedlich, aber in der Gruppe werden sie zu Streithähnen. Man ist versucht, nur ein Tier zu halten, aber das ist Tierquälerei. Meerschweinchen brauchen den Partner. Mein Vorschlag: Man hält sich eine kleine Familie, bestehend aus einem Männchen und ein oder zwei Weibchen. Mit solch einer Gruppe hat man viel Freude. Sie zeigen das typische und spannende Meerschweinchenverhalten und sind untereinander friedfertig. Wenn nur der Nachwuchs nicht wäre! Denn Meerschweinchen pflanzen sich wie alle Nager häufig fort und dann treten Probleme auf: Mit den Töchtern weniger, weil sie problemlos in das bestehende Rudel übernommen werden, aber die Söhne machen ihren Vätern die Führungsrolle streitig. Es kommt zu erbitterten Kämpfen und einer von beiden muss gehen.

Am besten trennt man sich von dem Jungtier nach etwa 5 Wochen und versucht, es in ein neues Rudel ohne »Rudelboss« einzugliedern. Das ist nicht ganz einfach, aber mit einigen Tricks kann man dem Neuling das Leben erleichtern. Während des Einsetzens spielt man ihm über ein Tonband die üblichen Stallgeräusche mit mittlerer Lautstärke (60 Db) vor. Sind die Töne zu laut (über 80 Db), bewirken sie das Gegenteil. Warum das so ist, weiß man noch nicht. Der Boden sollte dunkel und strukturiert sein, und das Gehege sollte eine Trennwand besitzen, damit sich der Neue vor den Blicken der anderen zurückziehen kann. Es dauert dann meist nicht lange, und das Meerschweinchen fühlt sich in dem neuen Rudel wohl. Aber das Problem verschärft sich, wenn man keinen Platz findet, wohin man den Nachwuchs geben kann. Dann hilft nur eines. Man muss das Männchen kastrieren. Ich schlage vor, die Kastration erst dann vorzunehmen, wenn die Meerschweinchen einmal Nachwuchs gezeugt haben. Es ist für die Tiere biologisch sehr wichtig, sich fortzupflanzen.

Zwei geschlechtsreife Männchen kämpfen um die Rangposition im Rudel.

Die Sinnesleistungen

Um Meerschweinchen besser zu verstehen, sollten Sie wissen, wie sie ihre Umwelt wahrnehmen und erfahren.

Riechen: Der Geruchssinn ist bei Meerschweinchen gut entwickelt. Das sieht man schon daran, dass sie sich gegenseitig im Genitalbereich und erstaunlicherweise auch im Gesicht beschnuppern. Auch auf ihre Reviergrenzen setzen sie Duftmarken. Einer unserer Versuche belegt, welch wichtige Rolle die Nase für ein Meerschweinchen spielt: Markiert man ein Weibchen mit dem Urin eines anderen Männchens, so beschnuppert er das Weibchen, schreckt sofort zurück und beginnt zu drohen, obwohl ein Männchen im Normalfall natürlich sofort ein

Der erste Freilauf

Rosi hockte schon über zwei Stunden unter dem Schrank, während Bibi kreuz und quer durchs Zimmer rannte und überall neugierig schnupperte. Ich befand mich bereits seit über einer Stunde auf gleicher Ebene mit den beiden, denn ich wollte Rosi mit einem saftigen Petersilienstängel in der Hand und flötender Stimme unter dem Schrank hervorlocken. Doch Rosi blieb eigensinnig in ihrem Versteck. Da der Schrank so schwer war, konnte ich ihn nicht einfach von der Wand rücken. Also musste ich mir einen anderen Trick überlegen. Ich streute Petersilie rund um den Schrank auf den Boden und wollte einfach abwarten, bis Rosi nicht mehr widerstehen konnte. Doch da war noch Bibi! Ehe ich mich versah, hatte sie sich einen Petersilienstängel geschnappt und verschwand ebenfalls unter dem Schrank. In meiner Fantasie sah ich meine Meerschweinchen gemeinsam an der Petersilie knabbern und dabei hämisch über mich grinsen. Plötzlich lugte Bibis Köpfchen unter dem Schrank hervor. Ruckzuck hatte sie einen weiteren Petersilienstängel stibitzt und unter den Schrank gezogen. So, jetzt reichte es mir aber! Ich erweiterte den "Petersiliengürtel" um etwa 30 Zentimeter und wartete ab. Meine forsche Bibi wollte unverzüglich Nachschub holen, musste nun aber vollständig unter dem Schrank hervorkommen. Dabei griff ich sie mir und setzte sie zurück in den Käfig. Sofort pfiff Bibi nach Rosi, und tatsächlich kam Rosi unter dem Schrank hervor, um zu Bibi in den Käfig zu eilen.

Weibchen an seinem Geruch erkennt. Noch erstaunlicher ist, wenn man zwei dominante Männchen mit dem Urin von Weibchen markiert. Die »Bosse« gehen aufeinander zu, beschnuppern sich, drohen leicht und das war's dann auch schon. Man beobachtet keinerlei Kampf wie üblich, wenn sich zwei Männchen begegnen.

➔ Das tut Ihren Meerschweinchen gut: Ein Meerschweinchen lernt, Sie an Ihrem persönlichen Geruch zu erkennen. Jedoch sollten Ihre Hände nicht nach Parfüm oder Putzmittel riechen, wenn Sie das Tier anfassen.

Schmecken: Meerschweinchen gehören nicht zu den Feinschmeckern im Tierreich. Und dennoch hat man festgestellt, dass sie zu süßes und bitteres Futter verschmähen. Bei bitterem Futter ist dies leicht verständlich, weil viele giftige Pflanzen bitter schmecken. Leicht Süßes beziehungsweise Bitteres dagegen fressen sie gerne. Aber auch unter ihnen gibt es Tiere mit Vorlieben.

➔ Das tut Ihren Meerschweinchen gut: Sorgen Sie dafür dass Ihre Tiere neben Heu und Kraftfutter auch viel abwechslungsreiches Grün- und Saftfutter erhalten.

Hören: Beim Fressen, beim Laufen über größere Strecken und auch sonst äußern Meerschweinchen ständig Töne. Sie hören höhere Töne weit besser als wir Menschen, nehmen dafür aber tiefere Töne schlechter wahr. Ihre Hörfrequenz liegt im Bereich von 50 bis 33000 Herz, die von uns Menschen zwischen 15 und 20000 Hertz.

Was teilen uns die Meerschweinchen mit ihrem Zetern und Geplapper mit? Wir untersuchten, ob Meerschweinchen etwa akustische Signale von Männchen und Weibchen unterscheiden. Und tatsächlich, männliche und weibliche Tiere erkennen sich über ihre Laute. Außerdem stimmen ganz bestimmte Laute der Weibchen die Männchen friedfertiger.

In solch einem Laubhaufen gibt es allerhand Aufregendes zum Schnüffeln.

➜ Das tut Ihren Meerschweinchen gut: Sprechen Sie die Tiere stets mit leiser Stimme an. Alle lauten Geräusche lösen Angst und Panik bei Meerschweinchen aus.

Sehen: Wir Menschen haben drei Sinneszelltypen und sehen unsere Umwelt farbig, ebenso die Meerschweinchen. Warum gerade diese gefräßigen, pummeligen Meerschweinchen Karotten, Salate und Obst vermutlich so bunt erleben wie wir, ist ein Rätsel. Denn in ihrer natürlichen Umwelt im hohen Gebirge der Anden spielen Farben keine bedeutende Rolle. Noch eine Merkwürdigkeit. Ihre Augen können 33 Bilder pro Sekunde aufnehmen (das menschliche Auge nur 18 bis 22 Bilder). Ein Vergleich macht die Leistung deutlich. Jeder Kinofilm flackert und wirkt für sie abgehackt. Die Augen des Meerschweinchens sitzen seitlich und verschaffen ihm ein weites Blickfeld. Das ist wichtig für ein Fluchttier wie das Meerschweinchen. So kann es sogar Feinde, die sich von hinten nähern, frühzeitig erspähen. Einbußen beim räumlichen Sehen sind die Nachteile dieser Augenstellung.

➜ Das tut Ihren Meerschweinchen gut: Packen Sie ein Tier nie unvermittelt von hinten am Nackenfell. Es hätte das Gefühl von einem Raubvogel gepackt zu werden und bekommt Todesangst.

Typische Verhaltensweisen

Was teilen uns die mümmelnden Kuscheltiere mit, wenn sie mit ihren Zähnen klappern, quicken oder purren? Zum Glück wissen wir es heute und für jeden Meerschweinchenhalter ist es eine Leichtigkeit, diese Botschaften richtig zu deuten und zu verstehen.

Erstarren: Heftig erschreckte Meerschweinchen ziehen die Vorderbeine nahe zu den Hinterbeinen und bleiben stehend oder sitzend reglos am gleichen Ort. Ihre ganze Körperhaltung wirkt angespannt. Weibchen und Jungtiere erstarren häufig auf eine ungewohnte Störung (Fluglärm,

zuschlagende Türen). Rangniedere Männchen erstarren beim Herankommen des Ranghöchsten.

Boxen: Mit ihrer geschlossenen Schnauze – ähnlich einem Boxhieb – stößt das Weibchen ein zudringliches Männchen. Alle Tiere boxen vor allen Dingen an der Futterstelle, um den besten Platz zu erhalten. Junge, geschlechtsreife Männchen boxen besonders häufig.

Harnspritzen: Plötzlich hebt ein Weibchen den Hinterleib soweit wie möglich hoch und schießt einen Harnstrahl fast waagerecht nach hinten ab. Dieses Verhalten zeigen meist fortpflanzungsfähige Weibchen, wenn sie sich gegen Belästigungen von Männchen in der Genitalregion zur Wehr setzen.

Drohen: Ein agressiv gestimmtes Meerschweinchen sträubt bei schwacher Erregung die Nackenhaare, bei starker auch das ganze Rücken-, Flanken- und Backenfell. Während der Drohgebärde fahren die männlichen Tiere im Sekundentakt die Hoden aus der Leibeshöhle. Dabei schiebt sich das agressive Tier langgestreckt und purrend am Gegner vorbei. Purren ist eine Lautäußerung, die wie ein langezogenes »brrr« ertönt. Männchen drohen viel häufiger als Weibchen.

Meerschweinchen beriechen sich im Gesicht und am Hinterteil. Sie erkennen so, ob ein Tier zum Rudel gehört oder ob es ein fremder Eindringling ist, und welches Geschlecht der Artgenosse hat.

TIPP vom TIERARZT

Zur Geschlechtsunterscheidung nehmen Sie ein Tier in die Hand und drehen es vorsichtig auf den Rücken. Beim Weibchen sieht man eine längliche Spalte, die vom Genital- zum Afterbereich führt, beim Männchen links und rechts neben dem After die beiden Hoden.

Treteln: Das Treteln tritt oft zusammen mit dem Drohen auf. Beim Treteln belastet das Meerschweinchen vermehrt die Vorderbeine und hebt abwechselnd ein Hinterbein hoch. Der hintere Teil des Körpers schaukelt dabei seitlich hin- und her. Je rangniederer und fluchtbereiter das Männchen ist, desto höher hebt es beim Treteln die Füsse und umso weiter schwenkt es den Hinterleib.

Angähnen: Oft gähnt das unterlegene Männchen nach einem beendeten Kampf den überlegenen Gegner an. Es reisst das Maul weit auf, wobei die Zähne sichtbar werden.

Seitwärtsstellen: Bei einem Kampf nähern sich die Gegner einander zuerst langsam mit Drohen und umkreisen sich dann häufig Kopf bei Flanke.

Zähneklappern: Das Meerschweinchen fährt mit der Hinterseite der unteren Nagezähne rasch an der Schneidekante der oberen auf und ab. Dabei entsteht ein charakteristisches Geräusch. Ein unterlegenes Tier klappert stärker mit den Zähnen als ein überlegenes. Zähneklappern ist eine häufige Begleiterscheinung des Drohens.

<u>Rumba:</u> Sie ist das typische Werbeverhalten der Meerschweinchen. Das Männchen nähert sich dem Weibchen und umschreitet es mit zeitlupenhafter Bewegung, wobei das Körpergewicht von einem Bein auf das andere verlagert wird. Gleichzeitig äußert es einen anhaltenden, tiefen Laut. Es purrt.

<u>Den Partner beriechen:</u> Der Artgenosse wird an Nasen- und Genitalregion berochen. Die Meerschweinchen machen sich durch Beriechen mit einem fremden Tier vertraut und stellen so den Kontakt mit bekannten Tieren her.

<u>Hüpfen:</u> Meerschweinchen schnellen mit Kopfschütteln in die Luft. Dabei halten sie den Körper mehr oder weniger waagerecht. Diese Verhaltensweise kommt in Gelegen häufig vor und wirkt auf die anderen Tiere ansteckend.

<u>Ruhen:</u> Entspannte Tiere liegen häufig auf der Seite. Dabei strecken sie oft ein Hinterbein nach hinten oder halten es seitlich weg.

<u>Schlafen:</u> Zum Schlafen suchen die Tiere nach Plätzen mit Raumbegrenzungen (Ecken, Wände) und die Nähe von Artgenossen.

<u>Quieken:</u> Meerschweinchen quieken, wenn sie Menschen um Futter anbetteln.

<u>Quietschen:</u> Ein bei einem Kampf unterlegenes und verwundetes Männchen quietscht jedesmal laut, wenn sich ihm der Sieger nähert.

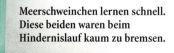

Meerschweinchen lernen schnell. Diese beiden waren beim Hindernislauf kaum zu bremsen.

Wie gut kennen Sie Ihre Meerschweinchen?

Um Meerschweinchen artgerecht halten und sie verstehen zu können, sollten Sie sich mit dem Wesen dieser neugierigen, munteren, pummeligen Nager auseinandersetzen. Dieser kleine Test verrät Ihnen, wieviel Sie bereits über Ihre vierbeinigen Freunde wissen.

Nr.	Frage	JA	NEIN
1	Brauchen Meerschweinchen einen Partner?	◯	◯
2	Können Meerschweinchen Vitamin C selbst bilden?	◯	◯
3	Erkennen sich männliche und weibliche Meerschweinchen über ihre Laute?	◯	◯
4	Können Meerschweinchen gut riechen?	◯	◯
5	Fressen sie süßes Futter gern?	◯	◯
6	Sind Meerschweinchen stressanfällige Tiere?	◯	◯
7	Gibt es im Meerschweinchenrudel einen »Boss«?	◯	◯
8	Kommen Meerschweinchen nackt und blind zur Welt?	◯	◯
9	Benötigen Meerschweinchen harte Nahrung, um ihre Zähne abzuwetzen?	◯	◯
10	Klappern Meerschweinchen mit den Zähnen, wenn sie einen Artgenossen bedrohen?	◯	◯
11	Haben Meerschweinchen ein Revier?	◯	◯
12	Kümmern sich die Männchen um ihren Nachwuchs?	◯	◯

Auflösung: 1 = Ja; 2 = Nein; 3 = Ja; 4 = Ja; 5 = Nein; 6 = Ja; 7 = Ja; 8 = Nein; 9 = Ja; 10 = Ja; 11 = Ja; 12 = Nein.

Vertrauen

Nicola hat die Herzen ihrer beiden Meerschweinchen Max und Moritz im Sturm erobert. Quiekend kommen sie herbeigelaufen, um sich Streicheleinheiten und Leckerbissen abzuholen. Die beiden haben schnell gelernt, dass von Nicolas Hand nur Gutes kommt.

schaffen
von Anfang an

TIPP vom THERAPEUTEN

Das Rudelleben Ihrer Vierbeiner sollte tabu sein. Greifen Sie auch dann nicht ein, wenn es zu Streitereien kommt, sondern nur, wenn es nach längeren Auseinandersetzungen keinen Frieden gibt. Drohen, den andern anmachen und umwerben gehört zum Leben dieser Tiere.

Das mögen Meerschweinchen

Man weiß heute, wie wichtig für das Wohlbefinden der kleinen Nager der Käfig sowie seine Inneneinrichtung sind. In zu kleinen Käfigen werden die Tiere apathisch und träge, größere Käfige mit Trennwänden hingegen fördern ihren Erkundungsdrang, die Neugierde und ihre Bewegungsfreude. Eigenschaften, die der Gesundheit Ihres Vierbeiners dienen. Glatte, helle Böden rufen bei ihnen Stress hervor, auf dunkel strukturierten fühlen sie sich sicher. Erstaunlich ist, dass Meerschweinchen schon sehr früh auf ihre Umweltansprüche geprägt werden. Man fand heraus, dass sie zwischen dem 1. und 6. Lebenstag ihren Stallgeruch erlernen, zwischen dem 1. und 23. Tag bestimmte Farben unterscheiden. Wobei sie für die Farbe Grün eine bestimmte Vorliebe haben. Aber auch die Laute spielen in der frühen Kindheit eine wesentliche Rolle. Sogar schon im Mutterleib. Artgerechte Unterbringung ist also eine wesentliche Voraussetzung für das Wohlbefinden der Tiere.

Genauso wichtig sind der Artgenosse und der Mensch. Die Bedeutung der Rudelmitglieder ist klar, welche Rolle spielt aber der Mensch und wie gewinnt er das Vertrauen seiner kleinen Nager? Vergessen Sie nie, Meerschweinchen sind ängstliche, stressanfällige Fluchttiere. Aber dennoch lassen sich die gefräßigen Pummel aus den Anden leicht durch einen Leckerbissen verführen. Eine saftige Karotte erfüllt dabei immer ihren Zweck. Futter hilft, die natürliche Scheu der Tiere abzubauen. Vermeiden Sie Strafe und Zwang jeglicher Art, denn damit können Sie nur Schaden anrichten. Ein liebes Wort und Futterhäppchen festigen die Beziehung viel besser.

In welchem Alter aber soll man die Tiere zähmen? Darüber streiten die Experten, ich empfehle ein Alter von 5 bis 7 Wochen. Das Meerschweinchen hat zu diesem Zeitpunkt die Regeln, die es für sein Überleben im Rudel benötigt, gelernt und wurde zudem nicht falsch auf den Menschen geprägt. Solch eine Falschprägung kann fatale Folgen haben, Meerschweinchen sehen den Menschen als Ersatzmutter oder Sexualpartner an. Diese Verhaltensstörungen sind ein tiefer Einschnitt in das Dasein unserer geliebten Vierbeiner und erlauben ihnen kaum ein artgerechtes Leben zu führen. Der Mensch soll der Freund und nicht der Partner sein.

Ein weiterer Tipp, befreunden Sie sich von Anfang an mit zwei Tieren gleichzeitig an. Ich habe festgestellt, dass sich Meerschweinchen dann gegenseitig die Angst nehmen und dem Menschen gegenüber neugieriger sind.

Kinder und Meerschweinchen

Noch nie waren Heimtiere so wichtig wie heute. Viele Kinder leben in der Welt der Computer und des Fernsehens. Diese Welt soll man nicht verteufeln, sondern sich im Klaren darüber sein, dass ihr eine entscheidende Dimension fehlt: das eigene Erlebnis mit der Natur. Zum Glück werden Kinder fast magisch von Tieren angezogen. Sie möchten sie streicheln, füttern, mit ihnen spielen und sie besitzen. Zahlreiche psychologische Untersuchungen belegen die Bedeutung eines Heimtieres für die persönliche Entwicklung eines Kindes. Durch sie erwerben Kinder die Fähigkeit, auf andere Menschen einzugehen. Für den Aufbau von Beziehungen eignen sich Meerschweinchen gut. Sie sind friedlich, lassen sich füttern, streicheln und haben einen hohen, emotionalen Wert. Kinder können sich aber nicht vorstellen, wie viel Arbeit Heimtiere machen. Nun ist Erziehungsarbeit von den Eltern gefordert. Sie müssen ihre Kin-

Wunschliste des Meerschweinchens

Das mag es:

1. Grasen im Freien.
2. Knabbern an harten Gegenständen.
3. Das Erkunden einer neuen Umgebung im Familienverband.
4. Gemeinsames Zusammenkuscheln und Schlafen.
5. Durch dunkle Höhlen und Gänge zu laufen.
6. Die Stimmen und Laute von Artgenossen zu hören.
7. Das Streben danach, Boss im Rudel zu werden.
8. Frische Einstreu im Käfig.

Das mag es nicht:

1. Ein fremdes Männchen im bestehenden Familienverband.
2. Lautes Türenknallen, laute Musik und schrille Töne.
3. Unsanft mit der Hand gegriffen zu werden.
4. Grellem Licht ausgesetzt zu sein.
5. Alleine – ohne Artgenossen –, leben zu müssen.
6. Absolute Stille ängstigt es.
7. Der Geruch eines fremden Männchens macht es aggressiv.
8. Zu süßes oder bitteres Futter.

der zur richtigen Pflege der Vierbeiner anleiten und das Verständnis für ihr Wesen wecken. Meerschweinchen machen es ihnen leicht. Purrend, quieckend und gurrend teilen sie mit, was sie fühlen. Auch ihre Körperhaltung verrät, was in ihnen vor sich geht. Nun ist es die Aufgabe der Eltern, diese Verhaltensweisen ihren Kindern zu erklären. Am besten setzt man sie im Abstand von 50 cm vor den Käfig und beobachtet das Treiben der kuscheligen Vierbeiner. Jeder dieser forschen Gesellen zeigt in diesem Augenblick seine Eigenheiten und Persönlichkeit. Eine gute Gelegenheit, ihren neuen Familienmitgliedern Namen zu geben. Kinder haben natürlich den Wunsch, ihre pelzigen Freunde zu streicheln und zu herzen. Das sollen sie auch. Aber gewusst wie? Bevor man ein Meerschweinchen mit der Hand packt und es aus dem Käfig holt, soll man es mit seinem Namen rufen und mit einem Futterhappen heranlocken, damit es nicht erschrickt. Denn der unerwartete Griff löst bei ihm Panik aus. Schließlich sind Raubvögel die größten natürlichen Feinde der kleinen Andenbewohner. Das kann man vermeiden, indem man mit dem Tier spricht und sanft mit der einen Hand seinen Hals umfasst und die andere unterstützend unter die Hinterbeine schiebt. Erst wenn die Kinder diesen »Kunstgriff« perfekt beherrschen, erlaubt man ihnen, ihre Freunde selbst zu holen.

Meerschweinchen lieben frisches zartes Grün wie dieses Katzengras. Da machen auch Bibi und Rosi keine Ausnahme.

Der wandernde Hut

Gemütlich saß ich auf der Couch, ganz in meinen spannenden Krimi vertieft. Eine besonders aufregende Szene jagte mir gerade eine Gänsehaut über den Rücken. Da klingelte es an der Haustür. Ich fuhr zusammen und sah zur Uhr. Wer konnte das denn um diese Zeit noch sein? Barfuß lief ich in den Flur und erschrak dermaßen, dass ich einen lauten Schrei ausstieß. Mein Strohhut wanderte nämlich ganz von alleine über den Fußboden. Aufgeregt stürzte ich zur Wohnungstür, vor der meine Freundin Isabell stand. Wortlos deutete ich mit dem Finger auf meinen Hut, der sich immer schneller über den Teppich bewegte und dabei mehrmals die Richtung wechselte. Plötzlich stieß der Hut an die Fußbodenleiste, kippte um, und darunter tauchte Rosi auf. Bestimmt war der Strohhut von der Garderobe gefallen, und mein Sensibelchen Rosi hatte wieder einmal nach einem passenden Versteck gesucht. So ein Hut war als kuschelige Höhle für ein Meerschweinchen offenbar nicht zu verachten. Isabell und ich sahen uns an und brachen gleichzeitig in Lachen aus. Da hatte uns Rosi doch ganz schön aufs Glatteis geführt! Wir dachten beide tatsächlich schon an Geister. Rosi jedenfalls wurde der Trubel langsam zu viel. Eilig verschwand sie in ihr Häuschen im sicheren Käfig und ließ sich den ganzen Abend nicht mehr blicken.

Vertrauen aufbauen Schritt für Schritt

Die ersten Begegnungen zwischen Mensch und Tier sind oft die entscheidendsten für die spätere Beziehung. In der anfänglichen Begeisterung überfordert man sein neues Familienmitglied leicht. Lassen Sie ihrem Meerschweinchen die ersten paar Tage Zeit, den Käfig und die Umgebung zu erkunden. Dabei sind alle seine Sinne im Einsatz: Nase, Augen und Gehör. Wer so viel Neues erfährt, braucht Zeit. Das leuchtet ein und dennoch vergisst man es zu oft. Vermeiden Sie alles, was dem Tier Angst macht. Lassen Sie es sich langsam an die neuen Gerüche und die übliche Geräuschkulisse gewöhnen. Zu lauter Lärm ängstigt die Tiere, und sie verkriechen sich in ihr Schlafhäuschen. Um ihre Meerschweinchen handzahm zu machen, müssen Sie mit viel Einfühlungsvermögen vorgehen. Machen Sie keine schnellen, schreckhaften Bewegungen und nähern Sie sich ihrem Tier immer von vorne und nicht von hinten.

Die im Folgenden beschriebenen Schritte, um ihr Tier zu zähmen, sollten sich auf einen längeren Zeitraum beziehen. Erst wenn das Tier von sich aus quiekend und freudig auf sie zuläuft, ist die Annäherungsphase beendet.

Petra ist schon gut Freund mit ihrem Meerschweinchen. Eine saftige Möhre fördert »die Liebe«.

Meerschweinchen richtig anfassen

Die putzigen Meerschweinchen mit ihrem weichen Pelz verleiten dazu, sie häufig auf den Arm zu nehmen und zu streicheln. Fasst man sie ungeschickt an, beginnen sie zu zappeln und können sich bei einem Sturz, selbst aus geringer Höhe, schwer verletzen. Deshalb ist es wichtig, sie sanft hochzunehmen und sicher zu tragen. Beim Hochnehmen umfassen Sie von unten her die Brust des Tieres, mit der anderen Hand stützen sie sein Hinterteil. Zum Herumtragen setzen Sie sich das Meerschweinchen auf den angewinkelten Unterarm, der fest am Oberkörper anliegen sollte, damit das Tier nicht hindurchrutschen kann. Mit der anderen Hand schützen Sie es vor dem Herunterfallen.

Der Partner-Test

	Meerschweinchen	Hund	Katze	Ratte	Kaninchen	Wellensittich	Papageien	Mäuse
Meerschweinchen	❤	😊	💣	😊	〰	〰	〰	〰
Hund	😊	❤	😊	😊	😊	😊	😊	💣
Katze	💣	😊	❤	💣	💣	💣	💣	💣
Ratte	😊	😊	💣	❤	💣	💣	💣	😊
Kaninchen	〰	😊	💣	💣	❤	😊	😊	😊
Wellensittich	〰	😊	💣	💣	😊	❤	😊	😊
Papageien	〰	😊	💣	💣	😊	😊	❤	😊
Mäuse	〰	💣	💣	😊	😊	😊	😊	❤

❤ Vertragen sich bestens   💣 Mord und Totschlag   〰 Sind sich schnuppe   😊 Aneinander gewöhnen

4 Frei von Angst

Ihr Meerschweinchen sucht jetzt den Kontakt zu Ihnen und lässt sich unter dem Kinn kraulen. Gehen Sie dabei behutsam vor. Ihr neuer Freund genießt diese Zärtlichkeit. Nun können Sie es wagen, mit einem Finger über den Rücken zu streichen. Aus dem Finger wird langsam eine zärtliche Hand und das Meerschweinchen ist handzahm.

5 Freundschaft besiegelt

Ihr ängstlicher Vierbeiner hat jetzt Zutrauen zu Ihnen und den Mut, die Umgebung zu erkunden. Zwischendurch legt das Tier gerne mal eine kleine Fresspause ein. Nun erleben Sie, wie neugierig Meerschweinchen sein können. Achten Sie aber darauf, dass das Tier ungestört in seinen Käfig zurück kann. Das ist der Ort der größten Sicherheit.

6 Völlig entspannt

Aus dem stressanfälligen, ängstlichen Meerschweinchen entwickelt sich eine kleine Tierpersönlichkeit, die mit neuen Umweltsituationen viel leichter fertig wird. Die Bindung zwischen Ihnen und dem Tier ist jetzt so stark, dass es in Ihrem Beisein spielt. Ein enormer Vertrauensbeweis, weil Meerschweinchen nur dann spielen, wenn sie völlig entspannt sind.

1. Neugierig machen

Nähern Sie sich dem Tier bei geschlossenem Käfig. Legen Sie sich in Augenhöhe mit ihm neben den Käfig. Verharren Sie einige Minuten ruhig und versuchen Sie dann, die Töne eines Meerschweinchens nachzuahmen. Kein Meerschweinchen kann seinen eigenen Lauten widerstehen. Es nähert sich Ihnen, sieht Sie und beginnt zu schnuppern. Es wird neugierig. Wiederholen Sie diesen Vorgang 2 bis 3 Tage lang.

2. Leckerbissen wirken Wunder

Öffnen Sie nun mit einer Hand die Käfigtür, in der anderen halten Sie einen Leckerbissen, wie z. B. frischen Löwenzahn. Reiben Sie zuvor Ihre Hände mit der Einstreu des Käfigs ein. Das erleichtert dem Tier die Kontaktaufnahme, weil Sie nun nach Meerschweinchen duften. Reichen Sie ihm das Futter leicht von oben. Nennen Sie dabei leise seinen Namen. Ein lang gezogenes, gesprochenes »guut« wirkt beruhigend.

3. Der erste Ausflug ins Zimmer

Bis jetzt hat das Meerschweinchen gelernt, mit Ihrer Person nur Positives zu verbinden. Dieses Vertrauen lässt sich weiter stärken. Bauen Sie eine Art Brücke, damit das Tier leichter den Käfig verlassen kann. Locken Sie es mit Grünfutter heraus, und lassen Sie es auf halbem Weg von dem Bissen naschen. Auf die gleiche Weise wird das Tier wieder zurück in den Käfig gelockt. Wiederholen Sie diese Übung mehrere Male.

Freilauf im Zimmer

Meerschweinchen brauchen täglich mindestens ein bis zwei Stunden Freilauf im Zimmer oder in einem Gehege im Garten. Der Garten ist natürlich geeigneter, weil sie dort der frischen Luft und den Witterungsbedingungen ausgesetzt sind. Dieser Freilauf ist ein Muss, weil unsere kleinen Nager zur Dickleibigkeit neigen und oft Gewichtsprobleme haben. Der Freilauf stärkt aber nicht nur den Körper, sondern auch die Psyche der Tiere. In einem größeren Gehege im Freien sind sie immer wieder neuen Reizen und Sinneseindrücken ausgesetzt. Hier gibt es viel zu erkunden und es wird den Tieren nie langweilig. Tiere, die so leben dürfen, sind auch geistig fit und rege.

Rosi fühlt sich in einer kuscheligen Höhle am wohlsten. Ob man es sich unter dem Hut nicht auch ganz gemütlich machen kann?

Jojo, das Spachgenie

Jojo, der fünfjährige Beo, sollte für drei Wochen mein Feriengast sein. Dieser Vogel war das reinste Sprachgenie. Er verfügte aber nicht nur über einen großen Wortschatz, sondern hatte sich zudem auf das Nachahmen von Geräuschen spezialisiert. Als er mir in seinem Käfig gebracht wurde, begrüßte er mich wie eine alte Freundin mit den Worten: "Hallo, wie geht's dir?" Klingelte es an der Haustür, schmetterte er den Besuchern entgegen: "Keiner zu Hause!" Auch das Telefonklingeln konnte er perfekt imitieren. Blitzschnell hatte Jojo natürlich auch bemerkt, dass Meerschweinchen pfeifende Laute von sich geben, um sich untereinander zu verständigen. Tauchte beispielsweise Rosi für längere Zeit unter, und Bibi konnte sie nicht sehen, pfiff Bibi einfach, und Rosi trat wieder in Erscheinung. Doch als Rosi diesmal verschwunden war, übernahm Jojo diesen Part. Das Ergebnis war verblüffend. Meine Meerschweinchen eilten auf sein Pfeifen hin gleichzeitig herbei und schauten etwas ratlos drein. Gab es hier etwa noch ein drittes Meerschwein? Jojo jedenfalls hatte seinen Spaß mit den beiden. Er ließ sie ganz nach Belieben im Zimmer hin- und herrennen. Bald beherrschte Jojo die Meerschweinchensprache perfekt. Sogar mich legte er herein! Rosi und Bibi quieken, wenn sie Hunger haben. Jojos Quieken verhalf meinen Meerschweinchen zu vielen Extrahappen. Als Jojo nach drei Wochen abgeholt wurde, verabschiedete er sich mit den Worten: "Dann bis zum nächsten Mal!"

5 Franzi

Franzi, der Wellensittich, liebt es, Rosi zu necken. Sobald sie den Kopf aus dem Häuschen streckt, zupft Franzi sie am Fell.

Gefahrenquellen

➜ Ungesicherter Balkon, Tisch (Gefahr des Abstürzens).

➜ Stromleitungen, Elektrogeräte (tödlicher Stromschlag, Verbrennungen).

➜ Spitze Gegenstände wie Nadeln oder Reißnägel (Verletzungsgefahr).

➜ Gebeiztes und lackiertes Holz (Vergiftungsgefahr).

➜ Giftige Zimmerpflanzen (→ Seite 9, Vergiftungsgefahr).

➜ Pralle Sonne (Gefahr des Hitzschlags).

➜ Hunde und Katzen (Verletzungsgefahr).

➜ Unachtsamer Mensch (Verletzungsgefahr).

6 Sportbegeistert

Zwei übereinander gelegte Bücher animieren Bibi zu Fitnessübungen. Unermüdlich läuft Sie hinauf und hinunter. Das kann ihrer Figur nur gut tun.

Spiel und Spaß
mit Meerschweinchen

Carlo beschäftigt sich jeden Tag ausgiebig mit seinen Meerschweinchen. Die gemeinsamen Spielstunden fördern das Vertrauen der Tiere und binden sie stärker an »ihren« Menschen.

2 Grashöhle
Diese Höhle mit Löchern zum Hindurchkriechen gibt es im Zoofachhandel zu kaufen. Sie sorgt im Käfig für Zeitvertreib.

Treppe 3
Die Treppe besteht aus Ytong-Steinen, die Sie in jedem Baumarkt kaufen können. Scharfe Kanten werden mit einer Holzfeile geglättet. Die ursprünglich grauen Steine wurden mit einer ungiftigen Farbe verschönert.

4 Korkhöhle und Häuschen
Meerschweinchen kuscheln gern in Höhlen und Häuschen. Das flache Dach des Häuschens ergibt außerdem eine prima Aussichtsplattform.

HAVE FUN

Spiellandschaft gestalten

Abwechslung im Käfig und im Freigehege trainiert die Sinne und hält Körper und Geist gesund.

1 Knabberbaum

Er besteht aus einer Astgabel, die mit Löchern versehen und auf eine stabile Holzplatte montiert wird. Mit Leckerbissen bestückt, kann sich das Tier so sein Futter »erarbeiten«.

Abenteuerspielplatz für Meerschweinchen

Meerschweinchen gelten weithin als liebe, aber dümmliche Tiere. Nimmt man ihnen jedoch ihre natürliche Angst, stellt man fest, dass dies ein Vorurteil ist. Meerschweinchen gehen gern auf Entdeckungsreise. Sie beschnuppern alles, was ihnen zwischen die Füße kommt. Jeder Gegenstand wird mit den Nagezähnen bearbeitet und eine erhöhte Liegefläche etwa dient dazu, die Umgebung zu beobachten. Meerschweinchen sind erkundungsfreudig, und mit viel Liebe kann man ihnen sogar kleine Kunststücke beibringen. Unsere Meerschweinchen haben z. B. gelernt, verschiedenfarbige Tasten zu drücken, sich in einem Labyrinth zurechtzufinden und vieles mehr. Manche dieser struppigen Vierbeiner konnten es nicht erwarten, immer wieder eine Aufgabe zu lösen. Seitdem weiß ich, wie wichtig ein Abenteuerspielplatz für Meerschweinchen ist, Er hält die Tiere geistig fit.

Max springt mit Begeisterung über die kleine Hürde. Es macht ihm so viel Freude, dass er kaum zu bremsen ist.

HAVE FUN 47

Welcher Spieltyp ist mein Meerschweinchen?

Junge Tiere spielen auf unterschiedlichste Weise. Man spricht daher von Objekt-, Bewegungs-, Partner- und Kampfspielen. Beobachten Sie Ihre Meerschweinchen und kreuzen Sie an, welche Spiele Ihre Meerschweinchen bevorzugen. So erfahren Sie, zu welchem Spieltyp Ihr Meerschweinchen gehört.

		JA	NEIN
1	Machen Ihre jungen Meerschweinchen häufig Luftsprünge?	○	○
2	Jagen sie sich oft im Käfig, um sich zu fangen?	○	○
3	Kämpfen Ihre jungen männlichen Tiere spielerisch miteinander?	○	○
4	Klettert Ihr Meerschweinchen gerne mit Artgenossen in eine dunkle Höhle?	○	○
5	Schaukelt Ihr Meerschweinchen mit Vorliebe auf einer Wippe?	○	○
6	Nehmen zwei Meerschweinchen einen dicken Grashalm in die Schnauze und ziehen in entgegengesetzten Richtungen daran?	○	○
7	Schiebt Ihr Meerschweinchen z. B. kleine Holzkugeln mit Schnauze und Vorderbeinen vor sich her?	○	○
8	Knabbert es gerne an ihm unbekannten Gegenständen?	○	○
9	Schlägt es pro Stunde mehr als 10 Haken in der Luft?	○	○
10	Springt es mit Freude über Hindernisse?	○	○

Auflösung: Ihr Meerschweinchen gehört zu folgendem Spieltyp, wenn Sie die einzelnen Spiele mit Ja angekreuzt haben: Spielt gern mit Objekten: Spiele 7 und 8. Liebt Bewegungsspiele: Spiele 1, 5, 9 und 10. Mag Kampfspiele: Spiele 2 und 3. Bevorzugt Spiele mit dem Partner: Spiele 4 und 6.

9 Brücke

Aus Ton ist diese Brücke, die der Zoofachhandel anbietet. Meerschweinchen nutzen sie gerne zum Darüberlaufen oder, um darunter hindurchzulaufen.

8 Fitness-Parcours

Mit Eifer ist dieses Meerschweinchen dabei, sich durch den Holzstab-Parcours locken zu lassen. So können Sie die Geschicklichkeit Ihres Tieres trainieren.

5 Hürde
Meerschweinchen lernen schnell, diese Hürde zu nehmen, besonders, wenn auf der anderen Seite ein Leckerbissen lockt.

6 Wurzel
Diese dekortive Wurzel stammt eigentlich aus dem Terrarien- bzw. Aquarienfachhandel. Aber auch Meerschweinchen bietet sie Abwechslung im Käfig oder im Freigehege.

7 Wippe
Diese Holzwippe ist leicht nachzubauen. Manche Meerschweinchen können gar nicht genug davon bekommen, auf der Wippe zu balancieren. Anreiz wie immer: ein Leckerbissen.

Meerschweinchen sollen spielen

Auf den ersten Blick scheint das Spielen ein Luxus der Natur zu sein. Im Spiel verschwenden Tiere Zeit und Energie. Energie, die sie vielleicht zum Überleben brauchen. Doch warum ist die Natur so verschwenderisch? Spielen ist ein Training für den späteren Ernstfall. Das gilt insbesondere für Tiere, die nicht mit einem fertigen Instinktprogramm das Licht der Welt erblicken, sondern erst durch Lernen ihre Umwelt erfahren. Allgemein gilt: Umso höher und komplexer ein Gehirn entwickelt ist, desto mehr muss ein Tier in seiner Jugendphase spielen. In dieser Zeitspanne lernt es, die Geschicklichkeit, die Kräfte und Gruppenmitglieder einzuschätzen. Die meisten Tierarten spielen aber nur in ihrer Kindheit und Jugend im Schutze ihrer Eltern. Für ältere Tiere ist diese Beschäftigung viel zu riskant. Denn im Spiel vergisst man sich und seine Umwelt und kann leicht zur Beute werden, so wie etwa junge Meerschweinchen, die aus Lust und Tollerei Luftsprünge veranstalten und dabei Kapriolen und Haken in die Luft schlagen. Aber diese Geschicklichkeitsübung ist für den kleinen Vierbeiner nötig, um später vor einem Feind zu fliehen.

Neuere Forschungen auf diesem Gebiet enthüllen spannende Beobachtungen: Tiere in der menschlichen Obhut spielen viel länger, manche sogar bis ins hohe Alter. Man denke dabei nur an den Haushund. Meine Hunde spielten bis 8 Jahre und länger. Kein Wolf, die wilden Vorfahren der Hunde, kann sich dies leisten. Spielen und Denksportaufgaben sind für unsere Heimtiere ein Ersatz für das mannigfache Reizangebot der Natur. Also ein unbedingtes Muss, um unsere vierbeinigen Lieblinge vor Langeweile zu schützen. Meerschweinchen sind sicherlich nicht die überragenden Spieler

Maira und Carlo wissen, dass ihre Meerschweinchen für einen Leckerbissen fast alles tun.

Der Wohlfühl-Test für Ihren Liebling

Wie viele Minuten täglich sitzt Ihr Meerschweinchen allein in einer Käfigecke?	○ Keine *2 Punkte*	○ 20 Minuten *1 Punkt*	○ Mehr *0 Punkte*
Wie viele Stunden pro Tag darf sich Ihr Tier außerhalb des Käfigs bewegen?	○ Keine *0 Punkte*	○ eine Stunde *1 Punkt*	○ Mehr *3 Punkte*
Nutzt Ihr Meerschweinchen die Bewegungsmöglichkeit?	○ Ja *3 Punkte*	○ Nein *0 Punkte*	
Wie sieht sein Fell aus?	○ Glänzt *2 Punkte*	○ Matt *0 Punkte*	
Kämpfen die Meerschweinchen täglich miteinander?	○ Nein *3 Punkte*	○ Ja *0 Punkte*	
Wie reagieren die Tiere auf Ihre Annäherung?	○ Rennen weg *0 Punkte*	○ Weichen zurück *1 Punkt*	○ Bleiben sitzen *3 Punkte*
Putzt das Meerschweinchen sein Fell?	○ Täglich *3 Punkte*	○ Alle zwei Tage *1 Punkt*	○ Gar nicht *0 Punkte*
Sucht das Meerscheinchen zu Ihnen Kontakt, indem es Töne ausstößt?	○ Nie *0 Punkte*	○ Selten *1 Punkt*	○ Häufig *3 Punkte*
Wie hält das Tier es mit seiner Körperpflege?	○ putzt sich häufig *3 Punkte*	○ Gelegentlich *1 Punkt*	○ Gar nicht *0 Punkte*
Wie reagiert das Meerschweinchen auf neue Angebote wie Zweige und Äste?	○ Weicht zurück *0 Punkte*	○ Beschnuppert sie *1 Punkte*	○ Beknabbert sie *2 Punkte*
Lässt sich das Tier gern von Ihnen kraulen und äußert dabei Stimmfühlungslaute?	○ Ja *3 Punkte*	○ Manchmal *1 Punkt*	○ Nie *0 Punkte*

0–10 Punkte: Das Meerschweinchen fühlt sich nicht sehr wohl; **10–18 Punkte:** Dem Tier geht es einigermaßen gut; **18–25 Punkte:** Das Meerschweinchen fühlt sich wohl; **25–30 Punkte:** Dem Tier geht es sehr gut.

Die Treppe

Damit es Rosi und Bibi bei ihrem Freilauf im Zimmer nicht langweilig wird und sie genügend Bewegung haben, baute ich ihnen eine kleine Treppe. Auf die oberste Stufe legte ich als Anreiz zum Hinaufsteigen ein Löwenzahnblatt. Bibi roch natürlich den Braten wieder einmal als erste und huschte ohne weiteres die erste Stufe hinauf. Diesmal wollte Rosi Bibi offenbar in nichts nachstehen und folgte ihr wie ein Schatten. Eins, zwei, drei war Bibi ganz oben und tat sich bereits an dem Löwenzahn gütlich, als auch Rosi schließlich ankam. Bereitwillig ließ Bibi Rosi mit am Löwenzahn knabbern. Dann rannten die beiden hintereinander abwärts und vergnügten sich anderweitig im Zimmer. Einige Zeit später lief Bibi erneut die Treppen hinauf. Oben angekommen quiekte sie laut. Aha, offenbar hatte mein cleveres Meerschweinchen registriert, dass es auf der obersten Treppenstufe immer etwas Leckeres zu fressen gab. Und nun forderte Bibi deutlich die Belohnung für ihr Treppensteigen ein. Ich brachte ein Stück Möhre, und Bibi war zufrieden.
Zunächst dachte ich, alles wäre ein Zufall gewesen, doch weit gefehlt. Sobald ich das Treppchen auf den Fußboden stellte, eilte Bibi die Stufen hinauf und wartete ganz oben auf ihren Leckerbissen. Bibi ist wirklich außergewöhnlich klug.

im Tierreich, aber dennoch lassen sie sich durch einen spannenden Spielplatz und Lernaufgaben anregen und beschäftigen. Futter bietet dabei meist den besten Anreiz. Doch vermeiden Sie jede Gewalt. Die Aufgaben müssen spielerisch gelöst werden. Meerschweinchen spielen nur, wenn sie völlig entspannt und angstfrei sind.

Einige Spieltipps

1. Meerschweinchen spielen gerne in Höhlen und höhlenartigen Labyrinthen. Diesen Spielbereich kann man noch reizvoller gestalten, wenn man an verschiedenen Orten Duftspuren auslegt. Sie können aus Pflanzen und tierischen Gerüchen bestehen. Vorsicht vor dem Duft eines dominanten Männchens; er erzeugt Angst.

2. Häufig sind Meerschweinchen besonders am Morgen und am Abend zum Spielen aufgelegt.

3. Zahme, junge Meerschweinchen hopsen und jagen sich gern. In der Spielpause lassen sie sich sogar von Ihnen kraulen.

4. Vertraute Geräusche wie Quieken und Gurren machen Meerschweinchen sicher und verleiten sie zum Spielen.

TIPP vom ZOOHÄNDLER

Um die Neugierde und Spiellust Ihrer Meerschweinchen zu erhöhen, binden Sie etwas Grünzeug wie Petersilie oder Löwenzahn zum Knabbern an das Spielgerät. Damit das Interesse erhalten bleibt, sollten Sie die Spielgegenstände von Zeit zu Zeit austauschen.

Treppe rauf, Treppe runter. Diese beiden rennen für ihr Leben gern.

OLD & HAPPY

Glücklich und aktiv
im Alter

Der sechsjährige Barni – ein älterer Meerschweinchenherr – ist immer noch so neugierig wie eh und je. Wann immer möglich, verschafft er sich einen Überblick, damit ihm auch ja nichts entgeht. Der kleine Wuschel – gerade mal acht Wochen alt – vergnügt sich unterdessen lieber mit einem saftigen Löwenzahnblatt. Alt und jung verstehen sich im Übrigen prächtig.

Wie alt werden Meerschweinchen?

Diese einfache Frage ist dennoch schwer zu beantworten. Die Angaben in der Literatur schwanken. Man spricht bei Meerschweinchen von einer Lebensspanne von 5 bis 15 Jahren. Meine Vierbeiner wurden im Durchschnitt 9 bis 10 Jahre alt. Sicher ist jedoch, dass die Lebenserwartung eines Meerschweinchens in der Obhut des Menschen stark davon abhängt, welche Lebensbedingungen ihm geboten werden. Falsche Haltung und Behandlung verkürzen sein Leben drastisch, denn Meerschweinchen sind sehr stressanfällig.

Meerschweinchen erreichen zwar nicht das Höchstalter von Hund (15 Jahre) und Katze (20 Jahre), werden aber deutlich älter als Mäuse (4 Jahre), Ratten (3 Jahre) und Hamster (3 Jahre). Warum bestimmte Tierarten wie etwa Spitzmäuse nur 1,5 Jahre leben und andere, wie zum Beispiel Esel bis zu 100 Jahren alt werden, weiß man noch nicht.

In der Natur leben die meisten Tierarten – auch das Meerschweinchen – nur so lange, wie sie Nach-

Was sich im Alter ändert

➜ Verhalten:
Die Tiere glucksen und purren weniger. Sie werden stiller. Ihre Neugierde nimmt sichtlich ab.

➜ Bewegung:
Das Meerschweinchen bewegt sich weniger. Es ruht gerne an sonnigen Plätzen. Seine Bewegungen werden ungelenk.

➜ Ernährung:
Alte Meerschweinchen brauchen besonders Vitamine, Mineralstoffe und Aufbaupräparate (aus den Zoofachhandel).

➜ Körperhygiene:
Auch alte Tiere putzen sich noch häufig. Hygieneprobleme gibt es nicht.

➜ Fell:
Das Fell wird stumpf, und die Tiere verlieren Haare.

➜ Sehen:
Vermutlich nimmt die Sehkraft ab, weil die Augen oft trübe werden und Wasser verlieren.

➜ Hören:
Es ist nicht bekannt, ob die Hörkraft nachlässt. Da aber die meisten Säugetierarten im Alter schlechter hören, trifft dies vermutlich auch für das Meerschweinchen zu.

➜ Krankheiten:
Sie werden häufiger krank und leichter von Parasiten befallen.

wuchs in die Welt setzen können, dann sterben sie. Ihre Aufgabe, für die Erhaltung ihrer Art zu sorgen, ist erfüllt. Im Übrigen findet man draußen kaum ein altes Tier, denn sobald Aufmerksamkeit und Schnelligkeit nachlassen, wird es rasch zur Beute.

Bei richtiger Haltung und guter Pflege kann ein Meerschweinchen als Heimtier wesentlich älter werden als in der Natur. Der Alterungsprozess ist in Bezug zur gesamten Lebenszeit eines Meerschweinchens jedoch nur sehr kurz. Wenn Sie aber genau hinschauen, werden Sie auch bei Ihrem Tier Hinweise fürs Älterwerden entdecken.

Das alte Meerschweinchen

Gewiss, Meerschweinchen bekommen keine grauen Haare und Falten wie der alternde Mensch. Doch erste Altersanzeichen sind ein »stumpfes Fell« und ein wenig Haarausfall. Die kleinen Vierbeiner werden nun auch anfälliger gegen Flöhe und Milben. Die Krankheiten häufen sich. Vermutlich geschieht in diesem kleinen Körper etwas ähnliches wie bei uns Menschen. Das Abwehrsystem (Immunsystem) ist durch die hormonelle Umstellung wahrscheinlich nicht mehr so schlagkräftig gegen Krankheitserreger. Daher sollten Sie jetzt auf eine gezielte Fütterung achten. Jetzt sind besonders Vitamine und Mineralstoffe wichtig. Auch Aufbaupräparate (aus dem Zoofachhandel) halte ich für empfehlenswert. Ansonsten behalten Sie den Speiseplan für ihr Tier bei.

Im Alter werden Meerschweinchen ruhiger. Sie laufen nicht mehr so viel herum, sondern genießen eine Ruhepause in der Sonne auf einer erhöhten Liegefläche. Dort haben sie den Überblick über das Rudel.

So weit ich beobachten konnte, haben alte Meerschweinchen keine Nachteile im Rudel. Sie werden weder vom Futter verdrängt noch aus dem Rudel ausgestoßen. Selbst die individuellen Beziehungen zum Partner bleiben bestehen, auch wenn dieser deutlich jünger ist. Alte Meerschweinchen bewegen sich ungelenker und sind nicht mehr so flink auf den Füßen.

Frische Knabberkost ist nicht nur gesund, sondern sorgt auch für Beschäftigung.

TIPP vom TIERARZT

Um einem älteren Meerschweinchen das Leben zu erleichtern, hängen Sie Heuraufe und Nippeltränke etwas tiefer an das Käfiggitter und möglichst immer an die gleiche, leicht erreichbare Stelle. Das hilft, den Bewegungsapparat des Meerschweinchens zu schonen.

Im Kopf bleiben die kleinen Nager jedoch auch mit zunehmendem Alter erstaunlich fit. Barny – ein 10-jähriger Meerschweinchenmann – erinnerte sich noch nach einem Jahr Pause, wie er den Hebel einer Versuchsapparatur zu drücken hatte. Dies war wirklich eine schwere Aufgabe, denn manche junge Rudelmitglieder lernten nie, dieses Problem zu lösen. Grundsätzlich beobachtete ich: Ältere Meerschweinchen lernen genauso gut oder schlecht wie junge. Natürlich soll man solch ein älteres Tier nicht überfordern, sondern jeglichen Stress von ihm fernhalten. Ein neues Rudelmitglied z. B. würde das kleine, nur 4,8 Gramm schwere, Meerschweinchenherz überanstrengen. Daher sollte man auf all zu viel Neues verzichten. Wie bei vielen anderen Säugetierarten so werden auch beim alten Meerschweinchen die Augen trübe und verlieren Wasser. Durch den Wasserverlust verändert sich der Druck im Auge. Sicherlich ist die Sicht dadurch leicht verändert, aber wie stark weiß man nicht.

Wie weit die anderen Sinnesorgane Nase und Ohr durch den Alterungsprozess in Mitleidenschaft gezogen sind, ist unbekannt. Vermutlich hören die kuscheligen Vierbeiner aber nicht mehr so gut. Ob dies der Grund ist, dass Meerschweinchen weniger quietschen, purren, glucksen und rufen, ist unklar. Auffallend ist jedoch, dass sie weniger Stimmfühlungslaute äußern.

Wie Meerschweinchen sterben

Diese Frage kann man nicht genau beantworten, weil es darüber keine genauen Forschungsergebnisse gibt. Ich kann nur aus meinen Erfahrungen berichten: Die meisten meiner vierbeinigen Freunde frassen an ihrem Todestag weniger, bewegten sich kaum und verließen ihr Schlafhäuschen nicht. Man hatte den Eindruck, dass sie sich zurückzogen. Das muntere Treiben der anderen Rudelmitglieder wurde dadurch nicht gestört. Einige Tiere konnte ich zufällig während des Sterbens beobachten. Sie legten sich auf die Seite – so wie sie es auch tun, wenn sie schlafen. In dieser Position verharrten sie dösend und schwer atmend. Plötzlich zuckte ihr Körper mehrere Male und die kleinen Vierbeiner waren tot. Einen »Todeskampf« – wie bei manchen Menschen – konnte ich nicht feststellen. Das Sterben sieht leicht und friedlich aus und dauerte nur wenige Minuten. Zum Glück leiden die Tiere beim Sterben nicht und daher ist es unnötig, sie vom Tierarzt einschläfern zu lassen. Anders ist die Lage im Falle einer schmerzhaften Krankheit. Große Schmerzen kann der Tierarzt verkürzen, und das ist man seinem treuen Tier schuldig. Wie reagieren aber die anderen Rudelmitglieder auf den Tod? Das wollte ich wissen und ließ daher das tote Tier mehrere Stunden im Käfig. Sie beschnupperten kurz die Leiche, ansonsten nahmen sie keinerlei Notiz von ihr. Nicht die Spur von Trauer war zu erkennen. Was wirklich in ihren Köpfen vor sich geht, weiß ich nicht, aber ich habe den Eindruck, dass sie den toten Artgenossen nicht mehr als einen der Ihren ansehen.

Abschied vom Tier

Die meisten Menschen haben eine enge Bindung zu ihrem Heimtier und empfinden seinen Tod als schmerzlich. Ihr Lebens- und Tagesablauf ändert sich schlagartig. Im Falle eines Meerschweinchens hören sie nicht das tägliche Begrüßungsquieken, vermissen das zärtliche Streicheln und vieles mehr. Daher muss man die Gefühle eines trauernden Menschen ernst nehmen und ihm bei der Bewältigung seines Schmerzes helfen. Und wie empfinden Kinder und Jugendliche den Tod ihres Freundes? Sie haben ihre Gefühle oft nicht so unter Kontrolle wie Erwachsene. Das ist ein Vor- und Nachteil zugleich. Der Verlust ihres Tieres ist für Kinder ein Schock. Mit viel Einfühlungsvermögen muss man ihnen erklären, dass zum Leben der Tod gehört. Der Abschied von ihrem Vierbeiner wird ihnen erleichtert, wenn sie wissen, dass Tiere keine Vorstellung vom Tode haben und daher auch keine Angst.

Für Tiere bedeutet Sterben vermutlich nicht mehr als Einschlafen. Kinder verarbeiten in der Regel den Verlust des Heimtieres schneller als ältere Menschen. Das ist ihr Vorteil. Dennoch machen sie sich häufig Ge-

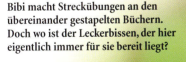

Bibi macht Streckübungen an den übereinander gestapelten Büchern. Doch wo ist der Leckerbissen, der hier eigentlich immer für sie bereit liegt?

danken über einen »würdevollen« letzten Weg. Sie wünschen sich, ihren vierbeinigen Freund zu beerdigen. Glücklicherweise ist dies bei so kleinen Tieren wie einem Meerschweinchen erlaubt. Das geliebte Tier kann im Garten unter einem Strauch oder auf der Wiese begraben werden.

Wenn der Partner stirbt

In einem Rudel lässt der Tod eines Artgenossen die Tiere vermutlich unberührt. Anders ist die Situation, wenn man nur zwei Meerschweinchen hält.

Der Hinterbliebene wird oft apathisch und träge. Ob dieses Verhalten Trauer um den Partner oder lediglich das Gefühl der Einsamkeit ist, weiß man nicht. Doch solch ein Tier lebt häufig wieder auf, wenn man ihm einen neuen Partner gibt. Jung und alt gewöhnen sich gut aneinander, wenn man ihnen genug Zeit lässt, sich kennen zu lernen. Allerdings ist zu bedenken, dass nach einiger Zeit wiederum ein Tier allein bleibt. Besser ist es daher, von vornherein ein kleines Rudel zu halten (→ Seite 16).

Den Gesichtsausdruck dieses Meerschweinchens könnte man fast als verschmitzt bezeichnen. Tatsächlich ist jedes Meerschweinchen für sich eine kleine Persönlichkeit.

Die Begegnung

Bibi und Rosi verfügen natürlich über ein großes Freigehege im Garten mit sicherer Abdeckung gegen Greifvögel, Hunde und Katzen. Außerdem gibt es noch ein kleineres Gehege ohne Abdeckung, dass ich nur dann aufstelle, wenn ich mich selbst im Garten aufhalte und die beiden beaufsichtigen kann. An einem warmen Sommertag hatte ich den Kaffeetisch auf der Terrasse gedeckt. Bibi und Rosi vergnügten sich unterdessen in ihrem kleinen Gehege unter dem schattigen Apfelbaum. Für den Fall, dass die beiden Durst bekommen sollten, stellte ich ihnen eine flache Schüssel mit Wasser in ihr Gehege. Während meine Familie und ich gemütlich Kaffee tranken und Kuchen aßen, landete plötzlich ganz ungeniert ein Spatz auf unserem Tisch und pickte die Kuchen-Krümel von der Tischdecke. Wir ließen den kleinen Frechdachs gewähren. Als er satt war, schien es ihm nach einem Bad zumute zu sein. Ohne zu zögern, flog er direkt in Bibis und Rosis Gehege und leistete sich ein ausgiebiges Badevergnügen in der Wasserschüssel meiner Meerschweinchen. Zunächst saßen Bibi und Rosi wie erstarrt in einiger Entfernung von der Schüssel. Doch dann wollten sie wohl den unerwarteten Gast etwas näher in Augenschein nehmen. Sie liefen zur Schüssel. Das war dann auch dem frechen Spatz zuviel. Er schüttelte sein Gefieder so, dass die Wassertropfen um ihn herumstoben und flog davon. Meine wasserscheuen Meerschweinchen hingegen flüchteten angesichts der unfreiwilligen Dusche, die sie hinnehmen mußten, entsetzt in ihr Häuschen.

Register

Die **halbfett** gesetzten Seitenzahlen verweisen auf Farbfotos

A
Abschied	56
Alter	52–58
– beim Kauf	18
Altersanzeichen	55
Andere Heimtiere	35, **61**
Angähnen	23
Augen	22, 55
Ausgewachsen	14
Auslauf in der Wohnung	11, 36, **36–38**
Aussengehege	11
Ausstattung	**6/7**, 7

B
Beißen	16
Beschäftigung	40–51, **40/41**, 42–46, **57**, **58**
Beriechen des Partners	**22**, 24
Boxen	22

D
Drohen	16, 23
Duftmarken	19

E
Eingewöhnen	32
Einstreu	7, 11
-höhe	7

E (Ernährung)
Ernährung	**8/9**, 9, 54, 55
Erstarren	22

F
Familienleben	16
Farben sehen	28
Fell	54
-pflege	**10/11**, 11, 54
Freigehege	11
Freilauf	11, 36, **36–38**
Futter	7
–, Fertig-	7
–, Grün-	7, **15**, **30**, **64/65**
-menge	7
-näpfe	7
-raufe	7

G
Gefahrenquellen	38
Gemüse	9
Geruchssinn	19
Geschlechtsunterscheidung	23
Geschmackssinn	21
Geschlechtsreife	14
Gewicht	7, 14
Gewichtsprobleme	36
Gewöhnen an Artgenossen	19
Grünfutter	7, **15**, **30**, **64/65**

H
Haltung	7, 9, 11, 16, 17
Handzahm machen	28, 32–34
Harnspritzen	23
Heimat	16
Heimtiere, andere	35, **61**
Herkunft	16
Heu	9
Hochheben	35
Hören	21, 54
Hüpfen	24

I
Immunsystem	55
Imponiergehabe	17

K
Kauf	18
Käfig	7, 11, 28
-größe	7
-gitter	7
-reinigung	11
-standort	7
-trennwände	28
Kämpfen	17, 18, **19**
Kastration	18, 19
Kinder und Meerschweinchen	**2**, **26/27**, 29, **40/41**, **48**
Krallen, zu lange	11
Krankheiten	54

L
Lebenserwartung	54
Lebensweise	16, 28
Leckerbissen	28
Lernfähigkeit	**24**, 42

Männchen, fremde	17	Sinnesleistungen	19	**Dr. Immanuel Birmelin**	

M
Männchen, fremde 17
Männchen, heranwachsende 17
Markieren 19
Meerschweinchensprache 22

N
Nagematerial 11, **55**
Nagetier 14, 16
Nahrung 7
Nahrungsmenge 7
Nestflüchter 14
Nippeltränke 7

O
Obst **8/9**, 9

P
Parasiten 55
Pflanzen, giftige 7
Pflege 11

Q
Quieken 24
Quietschen 24

R
Rangordnung 17
Riechen 19
Rudel 16
Ruhen 24

S
Salzleckstein 9
Schlafen 24
Schlafhäuschen 7
Schmecken 21
Sehen 22, 54
Sehen, räumliches 22
Seitwärtsstellen 23
Sich putzen 11, 54

Sinnesleistungen 19
Spielen 48, 51
Springen **42**
Sterben 56, 57
Stimmfühlungslaute 16
Stressanfälligkeit 16, 28

T
Tragzeit 14
Tod 56
Tragen **17**, 35
Treteln 23
Trinkwasser 7
Trockenfutter 9

U
Übergewicht 36
Unterbringung 7

V
Verhaltensweisen 22, 23, 54, 55, 56
Verhaltensstörungen 28
Vertrauen aufbauen 26–35
Vitamine 9

W
Werbeverhalten 24
Wildmeerschweinchen 14
Wurfgröße 14

Z
Zähneklappern 17, 23
Zähne, zu lange 11
Zutraulichkeit 28, 32–34

Der Wellensittich Franzi begleitet Rosi »auf Schritt und Tritt«

Dr. Immanuel Birmelin
ist einer der führenden internationalen Verhaltensbiologen. Seine langjährige Forschungsarbeit, die er in zahlreichen Veröffentlichungen und Fernsehfilmen dokumentiert hat, brachte viele neue Erkenntnisse über Tiere und ihr Verhalten.

Monika Wegler
gehört zu den besten Heimtierfotografen Europas. Sie arbeitet außerdem als Journalistin und Tierbuch-Autorin. Alle Aufnahmen in diesem Ratgeber stammen von ihr.

Gabriele Linke-Grün
arbeitet seit vielen Jahren als freie Jounalistin für die GU-Naturbuchredaktion, verschiedene Tierzeitschriften und Schulbuchverlage. Sie schrieb die Meerschweinchen-Erlebnisse.

Adressen

- Meerschweinchenfreunde Deutschland (MFD), Bundesverband Deutschland e.V., Geschäftsstelle: Postfach 10 12 30, 63012 Offenbach, www.meerschweinchen-freunde.de
- Verein Deutscher Meerschweinchenzüchter e.V., Geschäftsstelle: Hommelsheimstr. 7, 53359 Rheinbach, www.meerschweinchen.de
- Meerschweinchenfreunde in Österreich e.V. (MFiÖ), G. Gotschke, Oberzellergasse 1/17/9, 1030 Wien, www.meerschweinchenverein.at
- Zentralverband Zoologischer Fachbetriebe Deutschlands e.V., Rheinstr. 35 63225 Langen, Tel. 06103/ 910 732 (nur telef. Auskunft möglich), www.zzf.de

Zeitschriften

- Meerschweinchen-News, hrsg. v. MFD (→ Adressen)
- Ein Herz für Tiere, Gong Verlag, Ismaning

Dank

Fotografin und Verlag danken der Firma Wagner & Keller, Ludwigshafen, für die freundliche Unterstützung. Die Firma setzt sich seit langem erfolgreich für die tiergerechte Unterbringung in Vogel- und Kleintierheimen ein.

Impressum

© 2000 GRÄFE UND UNZER VERLAG GmbH, München.
Alle Rechte vorbehalten. Nachdruck, auch auszugsweise, sowie Verbreitung durch Bild, Funk, Fernsehen und Internet, durch fotomechanische Wiedergabe, Tonträger und Datenverarbeitungssysteme jeder Art nur mit schriftlicher Genehmigung des Verlages
Redaktion: Anita Zellner, Gabriele Linke-Grün
Umschlaggestaltung und Layout: Heinz Kraxenberger
Satz/Herstellung: Heide Blut
Produktion: Susanne Mühldorfer
Reproduktion: Fotolito Longo
Druck und Bindung: Kaufmann Lahr
Printed in Germany

ISBN: 3-7742-1241-4
Auflage: 6.   5.
Jahr: 2005   04

Das Original mit Garantie

Ihre Meinung ist uns wichtig. Deshalb möchten wir Ihre Kritik, gerne aber auch Ihr Lob erfahren. Um als führender Ratgeberverlag für Sie noch besser zu werden. Darum: Schreiben Sie uns! Wir freuen uns auf Ihre Post und wünschen Ihnen viel Spaß mit Ihrem GU-Ratgeber.

Unsere Garantie: Sollte ein GU-Ratgeber einmal einen Fehler enthalten, schicken Sie uns bitte das Buch mit einem kleinen Hinweis und der Quittung innerhalb von sechs Monaten nach dem Kauf zurück. Wir tauschen Ihnen den GU-Ratgeber gegen einen anderen zum gleichen oder ähnlichen Thema um.

Ihr GRÄFE UND UNZER VERLAG
Redaktion Haus & Garten
Stichwort: Aus Liebe zum Tier
Postfach 860325
81630 München
Fax: 089/41981-113
E-Mail:
leserservice@graefe- und-unzer.de

GU TIERRATGEBER
damit es Ihrem Heimtier gut geht

ISBN 3-7742-5583-0

ISBN 3-7742-5586-5

ISBN 3-7742-3788-3

ISBN 3-7742-3839-1

ISBN 3-7742-5585-7

Tierisch gut! Die Welt der Heimtiere entdecken und alles erfahren, was man schon immer über sie wissen wollte. So klappt das Miteinander von Anfang an – mit Wohlfühl-Garantie fürs Tier.

WEITERE LIEFERBARE TITEL BEI GU:

➤ **GU TIERRATGEBER:** Hamster, Ratten, Katzen, Zwergkaninchen

➤ **GU MEIN HEIMTIER:** Das Meerschweinchen

Gutgemacht. Gutgelaunt.

Änderungen und Irrtum vorbehalten.

So ist mein Meerschweinchen

Es kann vorkommen, dass Sie plötzlich verreisen müssen oder krank werden. Dann muss ein anderes Familienmitglied oder ein Nachbar kurzfristig die Pflege Ihrer Meerschweinchen übernehmen. Hier haben Sie die Möglichkeit, die Besonderheiten Ihrer kleinen Freunde einzutragen.

So heißt mein Meerschweinchen:

1 ....

2 ....

Das ist seine Fellfarbe:

1 ....

2 ....

Daran erkenne ich es sofort:

1 ....

2 ....

So füttere ich meine Meerschweinchen:

....

....

Das bekommen sie als Leckerbissen:

....

Im Umgang mit ihnen ist zu beachten:

....

....

Diese Pflegemaßnahmen sind sie gewöhnt:

....

....